Salmos

PRECEITOS DIÁRIOS

SALMOS PRECEITOS DIÁRIOS

1ª edição: Março 2025

Autor:
Raja Marausha

Preparação:
Debora Capella

Revisão:
3GB Consulting
Iracy Borges

Projeto gráfico e capa:
Jéssica Wendy

DADOS INTERNACIONAIS DE CATALOGAÇÃO NA PUBLICAÇÃO (CIP)

Marausha, Raja
Salmos preceitos diários : reflexões para o dia a dia / Raja Marausha. — Porto Alegre : Citadel, 2025.
144 p.; color.

ISBN 978-65-5047-596-3

1. Autoajuda 2. Desenvolvimento pessoal 3. Reflexões 4. Espiritualidade I. Título

25-0786 CDD 158.1

Angélica Ilacqua - Bibliotecária - CRB-8/7057

Produção editorial e distribuição:

CITADEL Grupo Editorial
contato@citadel.com.br
www.citadel.com.br

PARA MELHORAR
A SUA VIDA

Salmos

PRECEITOS DIÁRIOS

REFLEXÕES PARA O DIA A DIA

RAJA MARAUSHA

CITADEL
Grupo Editorial
2025

Sumário

Todas as religiões

O texto dos SALMOS PRECEITOS DIÁRIOS não tem nenhuma pretensão religiosa, não tem compromisso com seitas, igrejas, cultos, grupos ou movimentos filosóficos, tampouco qualquer religião. Trata-se de um texto espiritual ecumênico, de todas as filosofias e religiões, que visa principalmente despertar o leitor para o seu valor individual, livre de todas as dependências, e para a consciência de que é filho de Deus. Os Salmos visam motivar as pessoas a terem fé e con-

Os Salmos visam motivar as pessoas a terem fé e confiarem em si mesmas.

fiarem em si mesmas, a conseguirem uma poderosa autoconfiança e segurança interior – a fim de enfrentarem com alegria este mundo e viverem vitoriosas, bem-sucedidas, sadias e úteis aos seus semelhantes. Porque a Riqueza Interior pertence a toda a humanidade…

“A Riqueza Interior pertence a toda a humanidade.”

Leitura diária para reflexão

Por Raja Marausha

Nós somos da Religião Interior, a Filosofia da Esperança. Não temos templos nem igrejas. Nossos templos são os nossos corações.

Lidamos direto com Deus. Nossa alma é um transmissor-receptor que tem ligação direta com o Cosmos – e que sintoniza também o Grande Mestre Jesus Cristo, nosso Salvador na Terra.

Foi o próprio Jesus que lançou a Religião Interior há quase dois mil anos, quando disse:

“O Reino de Deus está dentro de vós, dentro de cada um.”

Quando rezares, entra em teu aposento, tranca a porta e reza secretamente a Deus Pai, que assim Ele te atenderá.

E eis que estamos prontos para viver novamente renascidos, sem passado, sem erros e com a eternidade e o brilho de uma estrela…

A felicidade é contagiosa. Seja você também um transmissor dela…

Raja Marausha

“A felicidade
é contagiosa.
Seja você também
um transmissor
dela...”

Esta edição é muito especial. Contém preceitos, normas ou regras da FILOSOFIA DA ESPERANÇA para o seu dia a dia.

São vários temas, para vários momentos e situações do cotidiano de cada um.

Você pode melhorar muito a sua vida.

Todo o poder para ser feliz e ter PAZ de espírito está dentro de você mesmo.

Apresentamos textos simples e muito claros.

Objetivos, condensados, práticos e fáceis de assimilar. Mas são profundos na sua essência.

Tenha este precioso livreto sempre à mão.

E na sua cabeceira, na mesa de trabalho, na sala de sua casa e até na sua bolsa.

Mas não o empreste, ele é seu (e de sua família).

As vibrações que dele emanam são pessoais e poderosas...

Leia diariamente, primeiro a página do dia, daquele dia. Leia várias vezes e pense!

Medite sobre o que leu... aprofunde-se naqueles pensamentos.

Depois, inclusive durante o dia, você poderá ler páginas de outros dias, conforme necessitar.

Faça esforços para praticar o que lê. Procure entender o que está por trás das palavras, nos bastidores do texto, subjetivo na sua ação.

Não "leia" apenas. Sinta o que leu, pratique, tente evoluir no espírito, crescer como GENTE.

Sua vida e seu ambiente vão melhorar, com certeza. E nos alegramos por você...

DIA 1

A nossa paz de espírito e alegria de viver, os bens que a vida nos proporciona, não dependem do lugar onde estamos, ou do que possuímos, ou do que somos, mas unicamente de nossos hábitos positivos de PENSAMENTOS e atitudes.

Se não estamos bem, se há problemas demais em nossa vida, temos que mudar nossa atitude mental, temos que ser mais otimistas e cheios de fé e esperança. Dando fim aos nossos erros, a felicidade vem por si própria.

Esperar sempre o melhor. Dentro de nós mesmos está o nosso paraíso... e somos os únicos e exclusivos donos do nosso destino. Nós somos o que pensamos e imaginamos. Depende apenas de nós sermos felizes, sadios e prósperos.

Deixe que sua MENTE faça luz sobre você mesmo.

DIA 2

Quando passamos a viver mais no plano ESPIRITUAL, nossa permanência na Terra torna-se plena de exuberante alegria, otimismo e paz de espírito. Tudo começa a dar certo.

Ficamos tão evoluídos, construtivos e positivos que até assustamos os nossos parentes e amigos, que veem em nós, visível, a completa felicidade. Em todos os sentidos.

Não importam as circunstâncias ou o que esteja nos acontecendo. Não importa nada material e deste mundo, porque estaremos numa faixa de onda mais alta, mais elevada, na Quarta Dimensão.

Nossas vibrações serão de vitória, do amor e do bem, do sucesso em tudo, da ajuda, da realização, do prazer que o crescimento espiritual nos dá...

DIA 3

O amor é um princípio sentimental, não é meramente uma emoção. O amor é paciente, é bondoso, não arde em ciúmes, não se glorifica, não toma atitudes imorais, não mancha a moral da pessoa amada, não abusa, não tira vantagens; somente partilha e ajuda.

O amor verdadeiro é mais espiritual. Não é egoísta nem agressivo. Só vê as virtudes do outro e é cego para os defeitos. Duas pessoas não podem ser amigas por muito tempo se uma não souber perdoar os defeitos da outra. O amor existe quando você conhece todas as falhas do outro e, mesmo assim, o ama.

Você só ama alguém quando não quer coisa alguma dessa pessoa. Não quer nada, não exige condição nenhuma. Não tem desejos desesperados ou insatisfeitos, nem carências. Seu próprio EU é o que lhe basta. Você ama e pronto.

DIA 4

O AMOR verdadeiro envolve FÉ e ESPERANÇA. Somente podemos demonstrar fé nas pessoas que amamos e somente por elas ter esperança.

O verdadeiro AMOR é a delícia da manhã dourada no horizonte do casal. Soltem-se na LUZ desse amanhecer e vivam felizes e em PAZ...

Evite ser dominado pela emoção corporal do sexo. Não deixe que o instinto material supere o sentimento do amor: AMAR. Ter muito amor no coração. Amar e dar ternura, ter afeto e ser muito amigo, em todos os momentos.

O sexo com amor e carinho é lindo. E foi criado por DEUS em nós, para expressar a vida. Viva pelo SENTIMENTO, nunca por um momento passageiro de emoção.

DIA 5

AJUDAR. Sempre que você puder ou for procurado por quem precisa, ajude! Com caridade pura, ou compaixão, ou amor, ou amizade ou simplesmente pelo prazer de ajudar...

Ser gentil, sempre que puder.

Elogiar e jamais condenar. Não julgar nunca. Tolerar e perdoar. Não ser egoísta. Hoje, amanhã e sempre, AJUDAR. Quem ajuda será sempre ajudado por Deus e por todos.

A lei de causa e efeito não falha. E o semelhante atrai o semelhante. Quando uma pessoa lhe estender a mão suplicando ajuda, seja qual for a necessidade, jamais negue. E não conte a ninguém, nem se vanglorie. Que sua mão esquerda não saiba o que deu a mão direita...

Quem dá... recebe triplicado de Deus.

Sua vida melhora.

DIA 6

Se você está bebendo muito, PARE... a partir de hoje, no máximo amanhã, não beba mais um gole sequer. Um só gole, a partir de amanhã, pode matá-lo. Porque desencadeia os outros, é o seu FIM...

Reconheça seu erro e sua fraqueza, sua doença. Tenha humildade e evite o primeiro gole, porque é o primeiro que puxa os outros. LIVRE-SE...

Beber, mesmo pouco, prejudica você e pode ser o começo. Afeta seu trabalho, sua família. E quando se tornar alcoólatra, a bebida o levará à morte ou à loucura.

Se você não bebe NADA, parabéns. Se bebe, pouco ou muito, recorra ao Poder Superior para ajudá-lo.

Nunca é tarde para começar a ser FELIZ...

DIA 7

Nunca pensar "EU QUERO"... para nada neste mundo! Querer apenas não é conseguir. É preciso, antes de mais nada, quando desejar muita coisa, acreditar e pensar "EU POSSO, eu consigo".

"EU POSSO."
"EU POSSO."
"EU CONSIGO."

Eu acredito, com convicção e muita fé e esperança, que eu posso e VOU conseguir isto...

Pensar apenas "eu quero" não fará você conseguir NADA, seja o que for. Tem que se fixar no acreditar, no "EU POSSO".

Querer, mas acreditar que vai conseguir. E agir com fé e otimismo significa REALIZAR. Quem vence é aquele que acredita que pode vencer...

E nunca ninguém será derrotado enquanto não aceitar que está.

DIA 8

Para sermos amados, temos que amar primeiro.

Mas temos que amar o AMOR verdadeiro, que é espiritual, mental e corporal, um triângulo de grande amizade pela pessoa amada, de respeito, desejando que o outro seja feliz, sadio e vitorioso.

Desejar tudo de bom e maravilhoso para a pessoa amada, vibrar com as suas realizações, aplaudir e elogiar. Não ser egoísta e não cobrar nem condicionar nada...

O verdadeiro amor espiritual, sem orgulho e simples. O falso amor é apenas paixão, desejo e atração sexual, pretensioso e vaidoso.

Paz e amor... para um mundo melhor. A paz verdadeira e o amor verdadeiro.

Mais partilha, mais ajuda, menos ganância, menos orgulho e vaidade.

DIA 9

Não procure mudar ninguém.

Cada um é dono de sua vida. Ajudar é uma coisa, mudar é outra, muito diferente. E examine-se primeiro, antes de criticar, condenar ou apontar um erro de alguém.

Num casal, um não deve querer mudar a personalidade do outro nem seus pontos de vista, suas opiniões, seus gostos e seus talentos. Essa é a causa de muitas separações e divórcios.

Cada pessoa é livre e independente, capitã de seu barco, de poder individual para pensar e agir com direito próprio. Ninguém é dono de ninguém, e os pais não são donos dos filhos…

Viva a sua vida e deixe os outros viverem a vida deles. Seja livre e dê liberdade. Cada um cuida de si mesmo. E veja só o lado BOM de tudo e de todos. Melhore…

DIA 10

Tenha uma atitude bastante filosófica com tudo que acontecer com você. Vá seguindo com o barco de sua vida, ao sabor das ondas...

Fique sempre com mais calma e sem tensão, nem nervosismo, nem com medo ou preocupado.

Quanto mais calmo e calado você ficar, mais vitorioso será.

Mesmo que outros estejam errados, não ligue: os erros dos outros não são erros seus...

Quando alguém ofendê-lo, ignore, não deixará de ser o que é...

E depende apenas de você deixar que uma ofensa ou acusação o atinja ou fira. Se não quiser, se não aceitar, nada poderá ofendê-lo.

Um conflito não resolve nada, para nenhuma das partes. Somente a paz tem poder criador. Acalme-se.

DIA 11

Seja o máximo que você pode ser! Sempre. Procure fazer tudo bem-feito, tudo mesmo, seja o que for. Faça o melhor que conseguir.

Use a inspiração vinda do Alto. Capriche sempre.

Concentre-se no que está fazendo. Use o seu maravilhoso poder interior, ligado a Deus, que o ajuda.

Fazer bem qualquer coisa nos dá mais satisfação e gasta menos energia do que fazê-la mal. É uma questão de hábito.

Habitue-se a fazer sempre o melhor possível, em tudo. Seja um vitorioso.

Não importa o que tiver a fazer, faça o melhor que conseguir.

E seja sempre animado e entusiasta. Nunca reclame, realize feliz.

Acredite em você...

DIA 12

Você não precisa ser religioso, nem fanático, nem beato, para evoluir como pessoa e como GENTE.

Você não precisa suplicar nada. Só louvar (agradecer) e seguir os passos de Jesus, sendo correto e ajudando os outros.

Cristo ensinou a FÉ PESSOAL, a Religião Interior de cada um, livre e independente.

Temos que viver uma vida construtiva, simples e ordeira, sem sermos dominados pelas emoções ou pela matéria, pelos vícios ou pelo dinheiro, pelo luxo ou pela fama.

O homem espiritual habita acima do bem e do mal humanos, flutua mais alto, é superior ao mundo.

Quem não cresce e evolui como gente... fica rastejando e sofre muito.

DIA 13

Aprenda a PERDOAR...

O perdão é o melhor remédio para todas as doenças. Muita gente morre de câncer porque tinha um grande ódio por alguém, uma forte raiva enraizada em sua mente. Da mesma forma, muita gente se salva e até se cura de uma grave doença porque anulou seu ÓDIO e sua raiva ou mágoa por alguém, e decidiu perdoar. Não só perdoou, como passou a orar para o bem daquele "inimigo"...

Os fracos não conseguem perdoar. Somente os mais fortes sabem tolerar. E, se você perdoar, estará livre daquela corrente que o amarrava e só fazia mal. Perdoe... e liberte-se de quem o feriu. E esqueça completamente.

Reze sempre para Deus iluminar o seu inimigo. Os males estão na escuridão.

Que Deus ilumine, um pouco pelo menos, as cavernas escuras...

DIA 14

Não tenha MEDO de nada nem de ninguém. Nem se preocupe, porque não adianta nada se preocupar.

O medo é um mal que, muitas vezes, fica morando dentro de nós.

Livre-se dessa vibração negativa, que só prejudica, nunca ajudou ninguém. A maioria das preocupações é por coisas que nunca acontecem. Que são frutos da nossa imaginação viciada em se preocupar.

Por que ter medo? Ou ter ansiedade ou neurose? Lembre-se sempre do escudo protetor de Deus Pai que você mesmo forma em sua frente, para defendê-lo... E viva firme, vá em frente.

Sintonizar-se com Deus... anula o medo. No NIRVANA (ou Paraíso Interior) existe a verdadeira felicidade, onde a pessoa não tem nenhum apego material, não se prende a nenhum desejo nem sofre o mínimo medo ou preocupação.

DIA 15

A nossa Filosofia da Esperança não tem compromisso com qualquer religião, seita ou movimento. É uma filosofia do viver correto e feliz.

Somos ecumênicos, de fato e de direito. Para pessoas de todos os credos e para quem não tem credo nenhum. Nossa ajuda abrange todos...

Não temos templos nem igrejas. Nossos templos são os nossos corações.

O ser humano é um espírito perfeito e mental, filho de Deus. Para vivermos na Terra, Deus nos empresta esse corpo muito bom, mas limitado, perecível e de curta vida.

Como somos ESPÍRITO, temos que viver mais corretamente, e não como animais irracionais.

Usemos os dons que Deus nos deu, mas não abusemos.

DIA 16

Se você anda fugindo de uma sintonia ou ligação com Deus Pai, com Cristo ou com os Santos Espíritos, isto é, se você está vivendo mais materialmente do que espiritualmente, tome muito cuidado...

Se você não mudar o rumo, se não acabar com seus erros e não melhorar seus pensamentos e suas atitudes, acabará se dando mal e ficará sem o escudo protetor do seu Eu interior, espiritual, ligado a Deus.

Nós somos como a imagem refletida no espelho da nossa mente...

Saia da escuridão. Da caverna sinistra em que você próprio se enfiou. Viva melhor a sua vida. Você pode, você consegue...

DIA 17

AGRADECIMENTO...

Quem agradece sempre pelo que já tem, não importa o que nem quanto, terá sempre novos e maiores motivos para agradecer.

O agradecimento é uma força muito poderosa. Em todos os sentidos: amorosos, comerciais, profissionais, conjugais, familiares, financeiros, de posses e de saúde...

Agradeça sempre, por tudo.

Temos muito mais para agradecer a Deus do que para pedir. Nossas orações de agradecimento e ações de graça são logo atendidas, e tudo começa a dar certo.

Muita gente não sabe e não está acostumada a agradecer. Só sabe pedir, criticar, nunca elogiar.

Mude seus pensamentos.

Você é o que pensa, sua mente faz o seu destino. Agradeça mais e elogie mais...

DIA 18

Outro dia falamos em "procurar Deus" para melhorar a vida. Realmente, isso significa deixar de ser materialista e experimentar mais os sentimentos amorosos e limpos, os pensamentos positivos, as emoções espirituais mais nobres e elevadas.

Significa EVOLUIR, crescer mentalmente. Para atrair somente coisas boas e construtivas, espirituais e materiais também.

Nosso nível de consciência tem de elevar-se. Nós só colhemos o que plantamos. Nunca teremos uma safra de maçãs e pêssegos se plantarmos somente ervas daninhas.

Plante lindas flores no jardim de seu coração e limpe a sua casa interior. Será FELIZ...

DIA 19

Pense e faça: eu não falo mal de ninguém nem critico. Nem julgo, nem condeno. Como poderia criticar alguém se eu mesmo tenho tantos erros? Então, eu teria que ser muito criticado também...

Portanto, em vez de culpar, eu elogio todas as pessoas e só vejo qualidades. E, em vez de condenar, eu tolero e até agradeço por tudo.

Isso é maravilhoso. Lá do ALTO, os Santos Espíritos estão me vendo e aplaudindo as minhas atitudes positivas... E quando os Santos Espíritos nos percebem corretos, tornam-se nossa proteção, orientação e inspiração criativa.

Eu tolero, elogio e agradeço.

E nunca mais vou reclamar de nada nem de ninguém. Estarei em PAZ...

Serei um milionário da paz de espírito.

DIA 20

Muitas vezes você deve ficar sozinho, num lugar sossegado, como num recanto de solidão positiva, para rezar um pouco, orar e meditar.

Será que isso é pedir demais?

Jamais será demais ter uns minutos a sós com o Poder Cósmico de Deus. Nossa vida é muito importante! E o Reino do Espírito está dentro de nós.

A força, o poder e a beleza estão em nosso santuário interior; não importam nossos erros passados e nossas falhas humanas.

Nós somos filhos de Deus... e sempre somos perdoados.

Procure gastar um pouco de tempo com Deus, fazendo a sintonia com seu Eu interior. E você será amplamente recompensado...

DIA 21

Pense assim: felizmente eu sou positivo. Sou otimista e espero sempre que vá acontecer o melhor...

Creio, agora, que Deus multiplica meus bens intensamente.

Agradeço que Ele me tenha ouvido agora; eu sei que me ouve sempre!

Muito obrigado, Senhor, por me ter transformado de uma pessoa negativa e pessimista, quando tudo meu dava errado, em uma pessoa superpositiva e otimista...

Agora tudo meu e ao meu redor mudou totalmente para melhor. Eu mudei minha vida, porque mudei meus pensamentos e minhas atitudes. E estou muito mais feliz comigo mesmo.

Agora eu vou ser mais otimista, vou esperar sempre pelo MELHOR. Vou ter mais FÉ, vou acreditar mais no meu próprio poder interior.

DIA 22

Hoje estou me lembrando de uma coisa muitíssimo importante: que o nosso maior amigo "é o Grande Mestre Jesus Cristo... Cristo é o nosso maior amigo!".

O mais fiel, constante, presente nos bons e maus momentos, na alegria e na tristeza, nos problemas e nas aflições, na dor e no prazer, nas dificuldades e nos obstáculos. Sempre pronto a nos orientar, consolar, aplaudir, apoiar, proteger e defender...

Seu poder nos envolve e nos inspira em todas as nossas atividades. Uma força invisível, poderosa, sempre ao nosso lado, se nós quisermos...

Jesus Amigo não voltará de novo, ele já está no meio de nós. E não foi para lugar nenhum. Está aqui, em espírito, como Tutor da Terra, um espírito muito elevado...

DIA 23

Sem o seu poder interior e espiritual, você nada conseguirá nesta vida. Não use o exterior, o puro raciocínio e a matéria.

Seja inteligente e use a sua mente espiritual e criadora, intuitiva e imaginativa.

Acredite na sua infinita força interior.

Aqueles que se preocupam demais com as pequenas coisas da vida são incapazes das grandes!

Acredite no seu poder interior, o poder de sua própria mente. Com pensamentos e emoções positivos, você mesmo pode melhorar muito a vida.

Não dependa de ninguém para ser feliz e vitorioso na vida. Você pode, acredite, você consegue...

DIA 24

A preocupação é a falta de autoconfiança. A arrogância e a agressividade também são causadas por insegurança.

Quem tem autoconfiança não vive preocupado, não tem arrogância, não é agressivo, não tem ciúmes, invejas ou desconfianças, não tem medo de nada, nem de ninguém, não vive raivoso, não foge da vida, não usa drogas, nem tóxico nenhum, não fica deprimido, não tem ansiedades e angústias, não fica desanimado, não adoece facilmente...

Preocupações e medos não pagam dívidas nem conduzem a nada! E todos os seus vícios são produtos de sua imaginação viciada negativamente. Acabe com os vícios de sua imaginação...

DIA 25

A Inteligência Cósmica Infinita (DEUS) sabe o que é melhor para nós, e não falha nunca. Basta estarmos receptivos.

A meta da Filosofia da Esperança é formar um "santuário" em cada coração humano – nosso Deus Interior, a consciência mais pura, espiritualizada e sintonizada com o Poder Cósmico Universal de todas as galáxias e de quintilhões de estrelas.

Nós temos a PAZ que o Cristo prometeu. E não temos de lutar sozinhos, temos de TER FÉ, acreditar e confiar Nele. A luta também é Dele, e tudo já está dando certo...

Agora eu sei que meus problemas estão apenas dentro de mim e em meus pensamentos. E que serão todos removidos pela minha FÉ.

DIA 26

Nós não estamos sozinhos.

Nunca, em nenhuma circunstância, em nenhum problema ou aflição.

Não estamos sozinhos, nem aqui nem no alto de uma montanha, nem no deserto ou na furiosa tempestade. Porque Deus Pai e seus Assessores estão conosco.

Basta a gente sintonizar e querer. Acreditar e agradecer. E deixar que a consciência cósmica flua para o nosso interior e nos ajude a encontrar a solução para todos os problemas, nos acalmando na aflição, nos animando na depressão, e assim conseguiremos a alegria de viver!

DIA 27

Acredite, comece uma vida nova, a lei da mente não falha. O que você pensa, você cria. O que você sente, você atrai. O que você imagina e acredita torna-se realidade. Depende apenas de sua atitude mental.

Decida-se a ser feliz, bem-sucedido, próspero e com muita saúde.

Use o seu poder interior de forma certa e positiva. Esse poder nunca falha, porque nos foi doado por Deus.

Nós somos herdeiros diretos de Deus e não precisamos de nada exterior ou materialista. Chega de rituais, cerimônias, aglomerações e falsas crenças que não entendemos.

Chega! Sejamos felizes e livres, DEUS está dentro de cada um de nós...

DIA 28

Que ótimo é viver uma VIDA NOVA...

Liberte-se das lembranças dolorosas do passado. Faça hoje uma profunda e sincera autoanálise.

Descubra onde estão as suas mais torturantes recordações. O que lhe aconteceu de ruim, o que feriu o seu coração, o que o magoou, o que machucou a sua mente.

Descubra, perdoe e livre-se.

Esqueça tudo... e passe para uma VIDA NOVA, livre do passado, livre da escravidão do ontem e do leite que já foi derramado. Esqueça tudo... Peça a ajuda de Deus para esquecer.

Viva agora, sempre o dia de HOJE – e planeje o amanhã com ânimo, otimismo, fé, esperança, confiança e certeza de que tudo já deu certo.

DIA 29

Há um encanto oculto em tudo o que é pequeno. Nas flores, nos pássaros, nas pequenas quedas-d'água ou cachoeiras, nas casinhas da roça, nos pequenos riachos e na verdejante colina.

Há um encanto maravilhoso nas crianças. E nelas vemos, bem nítida, a essência do bom Deus e o sentido velado da inocência.

Nas crianças sentimos também a pura e deliciosa libertação dos problemas da vida, da preocupação, do dinheiro e do sexo, coisas que aprisionam os adultos e os escravizam...

Devemos renascer no espírito. Voltar a ter um coração de criança, com muito mais virtudes do que defeitos. Alegre, livre, simples e mais puro...

Vivendo no mundo, com seus negócios, suas ilusões e suas lutas, mas com um espírito infantil.

DIA 30

Olhe sempre o lado BOM de todas as coisas e de todas as pessoas, pois tudo tem o seu lado bom.

Acredite em você mesmo, tenha autoconfiança e não se martirize nem se inflija autopunição. Não tenha complexos de culpa nem de inferioridade.

Você é filho de Deus, confie em seu poder interior. Não beba demais, não use droga nem tóxico nenhum e não fume! Seja inteligente e amigo de si mesmo, não fuja da realidade; ao enfrentá-la, vencerá.

Esteja lúcido e sóbrio para usufruir as coisas boas da vida.

Seja otimista e tenha somente pensamentos positivos. Tolere mais, agradeça, ame, ajude e perdoe.

Não seja tão materialista.

Evolua espiritualmente… e terá paz de espírito.

DIA 31

A maior, única e verdadeira miséria deste mundo é perderem os adultos os encantos e a inocência das crianças. Elas sabem viver…

Para evoluir no espírito, para ter uma vida mais espiritual, devemos aprender a simplificar as coisas complicadas… e não complicar as coisas simples.

Habitue-se a não se preocupar com coisa alguma nem com ninguém.

E não se aflija com nada. Não vale a pena. Preocupar-se e afligir-se não resolvem nada!

Ajude e ame todos, sem exceção. E liberte-se, viva a SUA vida, tenha mais alegria, mesmo na dor. Use a paz de espírito do seu EU interior e não tenha medo nem preocupação. Seja FELIZ, você pode. Depende apenas de você, e de mais ninguém…

“Uma cabana
de ouro ou uma
cabana de prata
não vale a minha
cabana de barro!
O que eu tenho de
meu, nas minhas
mãos, é o tesouro
mais valioso
do mundo.”

Tibete

Se você quer ser FELIZ, o problema é de Deus. Mas, se você quer continuar infeliz e sofredor, o problema é seu...

Raja Marausha

Os benditos de Deus

- Benditos os que vivem mais
do espírito, e não da matéria.

- Benditos os que procuram estar
sempre ligados e sintonizados com
Deus, por Jesus Cristo, em Paz...

- Benditos os que têm amor
e sentimentos de bondade
no coração.

- Benditos os que ajudam
o semelhante (ou o próximo) da
melhor maneira que podem –
numa caridade pura.

- Benditos os que elogiam
e veem sempre o lado bom
de todas as pessoas e de
todas as coisas.

- Benditos os que vivem sua
própria vida, sem fiscalizar
nem julgar a vida dos outros.
Os que vivem e deixam viver...

- Benditos os tolerantes
e que não reclamam de
nada nem de ninguém.

- Benditos os que não lutam
contra o inevitável, que aceitam
resignados o que não podem
evitar que aconteça.

- Benditos os que não
se vingam nem se revoltam
contra o mal e os inimigos.
Que perdoam as injustiças
e rezam para os agressores
e os maldosos, que
vivem nas trevas.

- Benditos os que não
desejam o desnecessário,
nem o luxo e a riqueza deste
mundo. Que preferem a
simplicidade e a paz de espírito.

- Benditos os corajosos,
que enfrentam as adversidades
com fé e esperança, com uma
luta calma e positiva.

- Benditos os que não julgam
nem condenam, nem xingam,
nem brigam e não têm raiva nem
guardam mágoas e ressentimentos.

- Benditos os positivos e otimistas, que esperam sempre pelo melhor.

- Benditos os alegres e que enfrentam até os problemas graves com um sorriso.

- Benditos os que aceitam a morte como uma transição normal nesta vida, no poder da mente e do espírito. E não se desesperam perante o falecimento de um ente querido, porque Deus não abandona nenhum filho, nunca.

- Benditos os que não têm pensamentos negativos, nem se preocupam demasiado o tempo todo. Sabem que as preocupações são inúteis e prejudiciais.

- Benditos os que perdoam tudo e todos e fazem do perdão a sua arma de vitória.

- Benditos os que agradecem todos os dias a Deus pelas coisas que possuem em vez de reclamar pelo que não têm. E fazem da gratidão a sua escala, cada vez maior, de evolução espiritual.

- Benditos os que se arrependem dos erros, pedem perdão a Deus e se esforçam para não cometer mais erros.

- Benditos os humildes e simples de coração, os modestos e sem orgulho, que querem crescer espiritualmente cada vez mais...

Raja Marausha

Meu caro amigo, minha querida amiga

Se você gostou destes 31 preceitos da Filosofia da Esperança (um para cada dia), procure presentear os seus amigos e parentes com estas mensagens simples para nossa vida cotidiana. Nós podemos melhorar muito nossa vida, aqui e agora, nesta Terra.

Presenteando com os Preceitos Diários, quem sabe você estará ajudando?

Gratidão

Quem dá recebe cada vez mais.
E aquele que é agradecido a
um bem recebido terá uma
avalanche de bens a vida toda.

Demonstre sua GRATIDÃO
pelos inúmeros benefícios
da leitura destes SALMOS,
oferecendo aos amigos,
parentes e colegas tantos
exemplares quantos você puder.
Assim, levará a outros o bem
que você também recebeu.

“Quem dá recebe
cada vez mais.
E aquele que é
agradecido a um
bem recebido terá
uma avalanche de
bens a vida toda.”

Faça a meditação transcendental

Nós somos o que pensamos. Nunca seremos um rei se pensarmos o tempo todo que somos um mendigo.

Nossa mente é tudo: saúde, doença, paz, riqueza, alegria, amor, depressão… está tudo na nossa cabeça.

Atraímos e realizamos o que imaginamos e acreditamos com firmeza de pensamento. Por isso, o nosso pensamento é o nosso DESTINO…

A meditação transcendental criada por Maharishi é um ótimo remédio para nossos pensamentos conturbados e nossas imaginações distorcidas e alucinantes. Ela nos dá paz e sossega nossa mente. É o caminho interior.

- Basta deitar-se esticado e completamente relaxado, em lugar sossegado e silencioso. Fechar os olhos e, com os braços e as pernas estendidos, NÃO PENSAR em absolutamente NADA. Nem nas coisas boas, nem nas ruins, nem no passado ou no presente, nem sequer lembrar nosso nome e quem somos!

- Não lembrar de problemas que nos afligem ou obstáculos da vida, NADA...

- Entregar a mente e o espírito para Deus, sentir-se elevado até o Reino de Luz, onde predominam a harmonia, a calma e a bondade. Respirar lenta e profundamente, muitas vezes... Inspirar o ar... e soltar muitas vezes, sem pensar em nada, nada mesmo.

- Sinta um azulado e bonito VAZIO em você, que naquele momento não é ninguém e não tem nada negativo para atormentar. Relaxe ao máximo respirando, e pense (apenas) no mantra *CHRISTUM PAX* (a Paz de Cristo). Repita mentalmente "*Christum Pax*, a Paz de Cristo", quantas vezes você desejar ou quiser. Apenas isso.

- Fique assim, estendido e relaxado, por quinze minutos (ou mais, se aguentar) e depois, calmamente, volte seu espírito e pensamento ao mundo em que vive, sem se preocupar, porque estará em grande PAZ...

“Atraímos e realizamos o que imaginamos e acreditamos com firmeza de pensamento. Por isso, o nosso pensamento é o nosso DESTINO...”

Todos nós buscamos orientação positiva na vida.

A Filosofia da Esperança, através dos Salmos de Raja Marausha, ensina como sintonizar sua mente com o Poder Cósmico de Deus para evoluir e tornar-se uma pessoa maravilhosa, dona do seu próprio destino. Livre, sem condicionamentos a cultos, rituais, cerimônias, reuniões em dias certos ou horários.

Depende apenas de você, de mais ninguém, querer triunfar em todos os sentidos, materiais e espirituais.

Na FILOSOFIA DA ESPERANÇA não há templos nem igrejas. Nossos templos são os nossos corações.

O passado já passou... e o que importa são os dias que ainda vamos viver...

"O passado já passou... e o que importa são os dias que ainda vamos viver..."

Para todas as religiões e credos

Raja Marausha, filósofo ecumênico (para todas as crenças), escreveu para você estes 31 textos ou preceitos, regras ou orientações para viver bem e ser feliz, não importam as circunstâncias de sua vida.

Um PRECEITO para cada dia do mês: são 31 textos com temas variados, simples e fáceis de serem lidos e entendidos, mas muito profundos.

Por mais incrédulo que você seja, gostará de ler Raja Marausha e sua filosofia de vida prática, do dia a dia, de todos os nossos momentos... Queira ou não queira, você crescerá como gente, evoluirá sua personalidade e equilibrará suas emoções e seus sentimentos.

*

Além dos 31 preceitos diários, você tem, neste livreto, vinte itens muito valiosos, OS BENDITOS DE DEUS. Como viver corretamente usando os seus próprios poderes interiores? Você saberá... E ainda uma pequena e forte sugestão para você fazer a correta MEDITAÇÃO TRANSCENDENTAL.

Frases de gente famosa

Viver ajudando os outros não é só um dever, é também a lei da felicidade.

Augusto Comte

Na adversidade encontramos salvação na esperança.

Menandro

A caridade é uma virtude do coração, não das mãos.

Joseph Addison

A alegria é o alimento da saúde.

Joseph Addison

A alegria é a pedra filosofal que converte tudo em ouro.

Benjamin Franklin

O mérito principal do homem é resistir aos impulsos de sua natureza. Tudo que existe, existe em Deus, e nada pode existir sem Deus, nem ser concebido sem Deus.

Spinoza

Não existe maior dor que recordar, no mal, a hora feliz.

Dante

O passado é o futuro usado.

Millôr Fernandes

O que passou já não tem remédio, lastimar não devemos.

Shakespeare

Quem pensa pouco erra muito.

Leonardo da Vinci

Errar é humano, perdoar é divino.

Alexander Pope

A riqueza é a coroa dos sábios.

Provérbios 14,24

Não há nada mais terrível que a riqueza sem nenhuma virtude.

Antoine Rivarol

Quem fala mal dos outros condena a si mesmo.

Petrarca

O que vale mais não é o triunfo, mas a bonita luta que se trava acreditando que se pode vencer.

Raja Marausha

Um homem zangado está sempre cheio de veneno.

Confúcio

Não imite os outros, seja sempre você mesmo, com todas as suas falhas e limitações.

Harold Sherman

Nunca diga “Estou derrotado”.

Harold Sherman

As melhores conquistas são sempre as mais difíceis.

Thelma Thompson

As opiniões dos nossos inimigos aproximam-se mais da verdade do que as nossas próprias.

La Rochefoucauld

A preocupação é o nosso sócio mais cruel.

Jack Dempsey

O bem e o mal não existem, o pensamento é o que os cria.

Hamlet

Ouça sempre sua voz interior, ela é ligada a Deus. A fé magnética a preocupação destrói. A verdade é doce e amarga. Quando é doce, perdoa; quando é amarga, cura.

Santo Agostinho

Escuta e cala, se quiser viver em paz.

Provérbio medieval

A felicidade não é um prêmio, mas uma consequência.

Robert Ingersoll

O sofrimento não é um castigo, mas, sim, um resultado.

Robert Ingersoll

Todas as pessoas têm três caracteres: o que exibem, o que realmente são e o que creem que têm.

Alphonse Karr

Olhamos para
o passado com
saudade, para
o presente com
desprezo e para
o futuro com
esperança.

Matias Aires

Os homens são pervertidos não tanto pelas riquezas, mas pelo poder da riqueza.

Donald

Só os bons sentimentos podem nos unir, os interesses jamais vão formar uniões duradouras.

Augusto Comte

Quem tem um amigo verdadeiro pode dizer que tem duas almas.

A Graf

Não tenha amizade com quem tem poderosos inimigos.

Raimundo Lúlio

Na vida
não há prêmios
nem castigos,
sempre
consequências.

Robert G. Ingersoll

A paciência é
a mais heroica
das virtudes,
exatamente
porque é cercada
de toda aparência
de heroísmo.

G. Leopardi

Nada nos pode trazer a paz senão nós mesmos.

Emerson

A vida é uma grande lição de humildade.

James M. Barrie

Os mentirosos estão sempre dispostos a jurar.

Vittorio Alfieri

A oração é o mais poderoso dos remédios.

Raja Marausha

Não há ateus numa trincheira minada.

Dale Carnegie

É melhor ser vítima de uma injustiça do que injuriar alguém.

Cícero

Não desanime, a última chave do molho pode ser a que vai abrir a porta.

Anônimo

O sofrimento abranda os corações e fortalece a fé.

Pascal

Quando odiamos alguém, estamos conferindo-lhe o poder sobre nós e a ruína sobre nossa felicidade.

Ferrer

Nós não atraímos
o que desejamos,
mas aquilo
que somos e
o resultado
direto de nossos
pensamentos,
portanto só
podemos vencer
se elevarmos
nossos
pensamentos.

Dale Carnegie

Faça uma lista de todas as bênçãos que Deus lhe concedeu e verá que tem muito mais coisas para agradecer do que para pedir.

Raja Marausha

Final

Encontrei, portanto, a chave
do tesouro da vida!

Deus é o pai.
Eu sou de Deus o filho.

Fiz-me ser humano nesta vida
terrena, mas sou um ser eterno,
espiritual e poderoso.

Este meu corpo me foi emprestado
e tenho que tratar muito bem dele.

Mas não sou EU.

EU sou ESPÍRITO, PERFEITO
e MARAVILHOSO.

Eu sou a imagem de Deus.
Gosto de mim, gosto muito!
E assim é.

O meu dia especial

Escolha um dia qualquer da semana para seu "dia especial". Nesse dia, com a ajuda de Deus, procure ser o mais positivo e otimista possível. Ajude os outros, não perca a calma, nem pense nada negativo. Aceite tudo com tolerância e amor e não reclame de nada nem de ninguém. Perdoe e agradeça tudo! Evite brigas e discussões. Se for preciso, reze e mentalize *Christum Pax* (a Paz de Cristo), para evitar tudo que não é bom. Nesse dia, seja positivo e espiritualista. Espere sempre pelo melhor, em tudo.

Com o passar do tempo, daqui a poucos meses, você estará transformado numa pessoa maravilhosa – de ação e poder mental positivo!

Este livrinho é individual. Devido às vibrações pessoais de cada um, não se deve emprestá-lo. Se estiver muito usado pelo dono, recomenda-se comprar um novo – mas os dois continuam muito pessoais, de uso exclusivo!

"Quem busca a força no seu Deus Interior será sempre Vitorioso."

Raja Marausha

Tenha consigo e leia os livros de Raja Marausha

- Salmos da riqueza interior
- Salmos do sucesso na vida
- Salmos da saúde e alegria de viver
- Salmos preceitos diários (reflexões para o dia a dia)
- Salmos da vida nova renascida
- Salmos da paz de espírito

Temas diferentes para um mesmo fim: UMA VIDA MELHOR, MUITO MELHOR...

Seja o máximo que você pode ser!

RAJA MARAUSHA, filósofo, humanista, escritor, criador da Filosofia da Esperança. Estudioso do comportamento humano que, através dos seus sábios conhecimentos, ensina o poder mágico da mente positiva para melhorar a vida dos seus leitores, sintonizando-se com o poder divino. Nasceu em 13 de abril de 1930.

Gratidão

Quem dá recebe cada vez mais.
E aquele que é agradecido
a um bem recebido terá uma
avalanche de bens a vida toda.
Demonstre sua GRATIDÃO pelos
inúmeros benefícios da leitura
destes SALMOS oferecendo aos
amigos, parentes e colegas tantos
exemplares quantos você puder.
Assim, estará levando a outros
o bem que você também recebeu.

Mantenha uma atitude mental positiva e viva mais alegre e em PAZ. Nossa Filosofia da Esperança não é religião. Nossa doutrina visa a evolução da pessoa.